王阳明
我给孩子上一课

吕郦　编著

中国画报出版社·北京

图书在版编目（CIP）数据

王阳明：我给孩子上一课 / 吕郦编著. -- 北京：中国画报出版社, 2024. 8 -- ISBN 978-7-5146-2458-8

Ⅰ. B248.2-49

中国国家版本馆CIP数据核字第20246VS979号

王阳明：我给孩子上一课

吕　郦　编著

出　版　人：方允仲
责任编辑：程新蕾
责任印制：焦　洋

出版发行：中国画报出版社
地　　　址：中国北京市海淀区车公庄西路33号
邮　　　编：100048
发　行　部：010-88417418　010-68414683（传真）
总编室兼传真：010-88417359　版权部：010-88417359

开　　　本：16开（710mm×1000mm）
印　　　张：12
字　　　数：82千字
版　　　次：2024年8月第1版　2024年8月第1次印刷
印　　　刷：三河市天润建兴印务有限公司
书　　　号：ISBN 978-7-5146-2458-8
定　　　价：52.00元

前言

王阳明是明代著名的哲学家、文学家和军事家，中国古代重要哲学流派——"心学"之集大成者，精通儒家、道家、佛家学说。

王阳明心学的精髓是"知行合一"，重视学以致用，他本人不仅是大学问家，也是一个了不起的实干家。

王阳明一生历任庐陵知县、右佥都御史、南赣巡抚、两广总督，晚年官至南京兵部尚书、都察院左都御史，曾因平定宸濠之乱而被封为新建伯。

在每一个人生阶段、每一个工作岗位，王阳明都能将自己的哲学思想与工作、生活实际相结合，做出亮眼的成绩。所以，梁启超在品评历史人物时，认为中国数千年历史中只有"三个半圣人"，曾国藩算"半个圣人"，王阳明、孔子、诸葛亮则被视为"三个完整的圣人"。

王阳明的头衔很多，但他最重要的身份始终是"哲学家"。

可以这样说，哲学是一种"获得智慧的智慧"，是一个人通往智慧之路的"钥匙"，千万不要把哲学本身想象得高不可攀、不能理解，更不要觉得孩子的智慧不足以理解哲学。事实上，恰恰相反，让孩子具备基本的哲学素养，是给了孩子一条通往智慧之门的"捷径"，是孩子追寻更高智慧的开端。

所以，我们将王阳明的"实用"智慧，浓缩到了本书中，作为献给孩子的一本传统哲学智慧启蒙书。而我们之所以用王阳明的哲学来给孩子启蒙，就是之前提到的——因为王阳明的智慧是最适合"学以致用"的，如此，才能让孩子在"边学边用"中，了解哲学的好处，体会哲学的深意。

为了让孩子轻松读懂王阳明的著作原文，本书采取"读书小笔记"的方式，对原文做出了精彩的解读和重点提示。而且，本书还配有许多有趣生动的"哲学应用场景图"，可以让孩子在轻松愉快的氛围中，打开通往哲学的大门。

孩子读哲学，并不过早，正当其时！来给孩子们上一课吧！

目录

01 善为心性，便不为恶…001

02 善用共情，做个"热心"人…004

03 人有自信，才不会把自己埋没…007

04 常怀恻隐之心，帮人也是帮己…010

05 心无杂念，才是大智慧…013

06 孝敬孝敬，既孝且敬…016

07 明是非，晓对错，做公正的人…019

08 全力以赴，方能不留遗憾…022

09 以细心，致广大…025

10 抛却名利私欲，保持中正平和…028

11 所谓良知，就是守护心中的天理…031

12 资质平平，努力就行…034

13 简单的，才是生活…037

14 心怀大志，能成大事…040

15 好高骛远，注定碌碌无为…043

16 不心存刻意，不自寻烦恼…046

17 别让自以为是，成为阻碍进步的绊脚石…049

18 傲慢是人最大的弊病…052

19 谨言慎行，慎独慎微…055

20 换位思考，用心体会…058

21 天理常在，做人须表里如一…061

22 人贵有志，志贵恒…064

23 接纳良言，才能确立真知…067

24 毁誉皆是身外之物…070

25 良知不容欺骗，君子当光明磊落…073

26 欲望少一点，快乐就多一点…076

27 不怨天，不尤人…079

28 顺其自然，心宽则世界广大…082

29 心之所想，力之所及…085

30 不做情绪的奴隶…088

31 治病去根，才算痊愈…091

32 自知之明，是难得的见识…094

33 放松，才能过得轻松…097

34 快乐与否，一念之间…100

35 失败有时恰恰是因为想得太多…103

36 学以致用，才叫学到东西…106

37 学问学问，边学边问…109

38 掌握分寸，别把好事做出坏结果…112

39 诚信是立身处世的基点…115

40 学问没有止境，要深入探究…118

41 百年钻故纸，何日出头时…121

42 勇于创新，别让传统变成桎梏…124

43 大胆尝试，实践出真知…127

44 别在追求得失时，迷失了自我…130

45 以人为师，方能有所长进…133

46 因势利导，事半功倍…136

47 自己用心领悟，不要被人左右…139

48 百尺高楼，也要根基…142

49 细节决定成败，不可因小而忽视…145

50 有取有舍，要经得住诱惑…148

51 脚踏实地，三思后行…151

52 刚柔并济，才能左右逢源…154

53 通人情，懂事理，是为知机…157

54 遇事不惊，深藏不露…160

55 量力而行,别被自己压垮了…**163**

56 用人不疑,疑人不用…**166**

57 笨鸟先飞,早入林…**169**

58 有了目标,一切都将井井有条…**172**

59 时刻准备着,行动要迅速…**175**

60 诸恶莫作,众善奉行…**178**

61 认清轻重缓急,不可舍本逐末…**181**

01 善为心性，便不为恶

日月风雷、山川民物（mào），凡有貌象形色，
太阳、月亮、风、雷、山、川、百姓、万事万物，但凡有样貌、形状、颜色的，

皆在太虚无形中发用流行，未尝作得天的
都是在太虚（宇宙）的混沌无形（xū）中形成的，　　　　　这些未必是天的
使用；运用。

障碍（zhàng ài）。圣人只是顺其良知之发用，天地万
阻碍。　　圣人（品德高尚、智慧超凡的人）只需顺应良知散发出来的作用，画重点！　　天地万

物俱在我良知的发用流行中，何尝又有一
物也都在良知散发出来的作用中形成，　　　　　又如何会有

物超（chāo）于良知之外，能作得障碍？
事物超于良知之外，而成为良知的阻碍呢？

"心学"小课堂

良知是我们的本心,坚守本心去做事,自然不会做出坏的事情来。特别是在涉及他人的时候,遵从善良的本意,多为他人着想,就很难把事情做成坏事。好事做得多了,别人会记住;坏事做得多了,别人也会记住。所以,遵从自己的本心,多做好事,才能结出善果。

心存善念,常行善举。

02　善用共情，做个"热心"人

是非之心，不<ruby>虑<rt>lǜ</rt></ruby>而知，不学而能，所

是非之心，是天然存在的，不需要学习和思考，

谓"良知"也。良知之在人心，无间于圣

这就是人们所说的良知。　良知在人们心中，不管是贤明的人还是愚钝的人，

人人心中都有良知

<ruby>愚<rt>yú</rt></ruby>，天下古今之所同也。世之君子惟<ruby>务<rt>wù</rt></ruby>致

　　从古至今都一样。　　　　世上的君子，如果能专心致

有学问有修养、品德高尚的人

其良知，则自能公是非，同好恶，视人<ruby>犹<rt>yóu</rt></ruby>

良知，　　自然能分辨是非善恶，　　　像对待自己那样对待别人，

 画重点！　　 正确与错误

己，视国犹家，而以天地万物为一体，求

像爱护自己的小家一样爱护自己的国家，将世界上的万事万物都当作跟自己一体，

天下无治不可得<ruby>矣<rt>yǐ</rt></ruby>。

使得天下都得到治理。

"心学"小课堂

想要做善良的人，做能多交朋友的人，就要善于共情。多换位思考，才能成为真正善良、不会在无意间伤害别人的人。

做了好事会快乐，做了坏事会难受，这是因为，人都是有良知的。

03 人有自信，才不会把自己埋没

在虔，与于中、谦之同侍。

在虔州时，九川与于中、谦之共同陪伴先生。

陪伴伺候

先生曰："人胸中各有个圣人，只自信

先生说："每个人的心中都藏着一个圣人，只是因为自信

不及，都自埋倒了。"因顾于中曰："尔胸中

不足而把圣人埋没了。" 先生对于中说："你的心中

掩盖

原是圣人。"

本来也藏着一个圣人。"

"心学"小课堂

从古至今,人们不断强调展示自我的重要性。向他人展示自己的能力,的确能更快得到认可和赏识。但不可忽视的是,在这一过程中,自信才是最重要的。没有自信心,所谓的展示自我就变成了赶鸭子上架,不仅不能成为让他人快速认识自己的途径,反而会变成一场闹剧,成为他人眼中的笑话。因此,要展示才华,不被埋没,最重要的是先建立强大的自信心。

每个人心中都有一个圣人,只是因为不自信而将其埋没了。

04 常怀恻隐之心，帮人也是帮己

人固有见其父子兄弟之坠溺于深渊者，
如果人们看见自己的父亲、孩子、兄弟掉下深渊，

深渊：极深的险境

呼号匍匐，裸跣颠顿，扳悬崖壁而下拯之。
一定会连鞋帽都不顾，一边高声叫喊，一边爬下山崖去救人。

扳：顺壁而下崖

士之见者，方相与揖让谈笑于其旁，以为是
其他人看见他这个样子，好像若无其事一样地谈笑风生，觉得

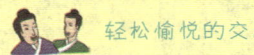
谈笑：轻松愉悦的交流

弃其礼貌衣冠而呼号颠顿若此，是病狂丧心
他这样衣冠不整、高声喊叫是不礼貌的，认为他是丧心病狂的。

颠顿：颠沛困顿；上下起伏。

者也。故夫揖让谈笑于溺人之旁而不知救，
那些在一旁谈笑风生、看到有人落水都不去救的，

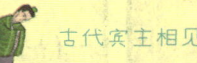
揖让：古代宾主相见的礼仪

此惟行路之人，无亲戚骨肉之情者能之。
恐怕是连骨肉亲情都不顾的野人吧。

画重点！

"心学"小课堂

人要善良,要有恻隐之心。即使做好事把自己弄得狼狈不堪,也是好的。见到别人有危险而选择袖手旁观,不管其他方面如何体面,都不能称之为人。

05 心无杂念，才是大智慧

知识愈广而人欲愈滋（yù 滋养；滋生。），才力愈多而天

知识越渊博，反而让自己的欲望越发滋养长大，才智越多而天性

理愈蔽。正如见人有万镒（yì）精金，不务煅炼（duàn liàn）

越会被蒙蔽。　这样的人就好像看见别人有万镒重的金元宝，自己不是想着如何

（古代流通货币之一，由贵重黄金制成）

成色，求无愧于彼之精纯，而乃妄希分（bǐ / wàng）

增加拥有的一两黄金的成色，使自己的黄金不比他人黄金的成色差，而是

两，务同彼之万镒（古代重量单位。xī）。锡铅铜铁，杂然而投，

一门心思想在分量上追赶人家，所以把锡、箔、铜、铅、铁都混杂着投入进去。

（不分材质地混在一起）

分两愈增而成色愈下。既其梢末（shāo），无复有

这样的话，分量的确是增加了，可是成品色泽却没有了，到最后，

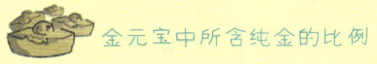

金矣。

得到的不再是金子，而是一堆其他的东西。

"心学"小课堂

做每件事情时都要有目标,如学习上要取得怎样的成绩,生活中要实现怎样的目标,但有些人总期望着一箭双雕、一箭三雕,这个时候,欲望就会让原本的志向变得驳杂,失去原本的成色,也让目标变得更难实现。心无杂念,一直朝着原本的目标前进,才更容易成功。

06 孝敬孝敬，既孝且敬

此心若无人欲，纯是天理，是个诚于
只要这颗心没有私欲，　　只有天理，　　　是一颗诚恳

孝亲的心，冬时自然思量父母的寒，便自
孝敬父母的心，　　那么冬天的时候自然会担心父母寒冷，　　自发地

要去求个温的道理；夏时自然思量父母的
会为父母添衣加被；　　　　夏天担心父母炎热，

热，便自要去求个清的道理，这都是那诚
　　自然就会想让父母凉快一点儿，　　　　这些都是诚孝

孝的心发出来的条件。
本心的自然体现。

"心学"小课堂

孝乃百善之首,如果一个人连自己的至亲都不孝顺,又如何能爱别人呢?其实,尽孝道最重要的就是诚恳。拥有诚恳的孝心后,你就会无时无刻不挂念着父母的现状。这时,孝顺就成了一种很自然的行为。

07 明是非，晓对错，做公正的人

夫道，天下之公道也；学，天下之公学也。
道是天下人公有的，学也是天下人共同的。

非**朱子**可得而私也，非**孔子**可得而私也。
这不是朱熹个人拥有的，也不是孔子个人拥有的。

朱熹，南宋著名教育家、理学家

孔子，儒家学派的创始人

天下之**公**也，公言之而已矣。故**言**之而是，虽异于己，乃益于己也。
属于国家或集体的
天下公有的东西，就应该秉公处理，只要说得对，即便和自己的说法不同，也对自己有好处。

言之而非，虽同于己，适损于己也。益于己者，
那些说得不对的，即便和自己的看法一样，也是对自己有害的。对自己有好处的，

画重点！

己必喜之；损于己者，己必恶之。
自己就一定会喜欢；对自己有害的，自己就一定会讨厌。

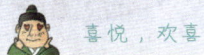喜悦，欢喜

"心学"小课堂

做人的观念是由许多不同的内容组合到一起形成的，最重要的是对公正的理解、对是非的判断。如果没有办法认清对错，或者因为情感、利益等问题故意混淆对错，久而久之就会形成错误的观念，难以纠正。所以，要懂得分清是非对错，做公正的人，即便承认错误会让自己受到损失，也不能昧着良心颠倒黑白。

08 全力以赴，方能不留遗憾

凡人为**学**，终身只为这一事。自少至老，
一般人做学问，终身只为了这一件事。　　　　　从小到老，

自朝至暮，不论有事无事，只是做得这一
从早到晚，　　不管有事没事，　　也只做这一件事，

件，所谓"必有事焉(yān)"者也。若说"宁不**了**
这就是所谓的"必有事焉"。　　　如果说"宁肯不做事，　　做，完成。

事，不可不加**培养**"，却是尚(shàng)为两事也。"必
也不能不培养本体"，　就是把做事与培养本体当做两件事看待了。

栽培、养护

有事焉而勿忘勿助"，事物之来，但尽吾心
"必有事焉而勿忘勿助"，　事情发生的时候，

之良知以应之，所谓"**忠恕(shù)违(wéi)道不远**"矣。
只需尽我们本心的良知去应对，即所谓"忠恕违道不远"。

语出《中庸》

 画重点！

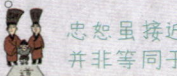 忠恕虽接近大道，但并非等同于大道

"心学"小课堂

我们学习本领是为了运用,遇到适合的场景时,一定要全力以赴,保证事情能够成功。这就如同狮子捕猎,即便对手是兔子,也不敢有丝毫松懈,要用尽全力保证能抓住兔子。千万不要觉得不能成功就轻易放弃,万一你比自己想象的更强大呢?万一对手其实很弱小呢?轻易放弃只能留下遗憾。

09 以细心，致广大

"**尽精微**"即所以"**致广大**"也，"道中
"尽精微"是为了"致广大"，
 画重点！

庸"即所以"极高明"也。盖心之 本体 自是
"道中庸"也是为了"极高明"。　　　　因为心的本体原本宽广博大，
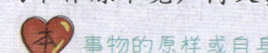

　　　　　　　　　小处着手，精益求精。
广大底，人不能"尽精微"，则便为私欲所
　　　　　人若是不能达到细致入微，　　便会被私欲蒙蔽，

蔽，有不胜其小者矣。故能细微曲折，无
　　在细微处无法战胜私欲。　　　所以，如果能做到细致入微、
 遮盖，蒙蔽

所不尽，则私意不足以蔽之，自无许多障
穷尽精微，私欲就不能蒙蔽心的本体，　　自然也没了障碍蒙蔽，

碍遮隔处，如何广大不致？
心怎能不宽广博大呢？
　　　阻挡前进的事物

"心学"小课堂

有人认为，只要从大局出发，方向没错就可以了，而与此同时，有些人还会追求细节的完美。这两种人在竞争的时候，谁更容易获胜呢？自然是追求细节完美的。大局虽然重要，但是能看清局势的，不只有一两个人。到最后，自然是细节最好的那个人能把事情做得更漂亮。我们要重视大局，更要重视细节。做好了细节，大局也会变得无懈可击、尽善尽美。

想成大事，得从细微处入手。

10 抛却名利私欲，保持中正平和

汝若于货色名利等心，一切皆如不做
如果你对财物、美色、虚名、利益等身外之物的心思就像不做

财货和美色

劫盗之心一般都消灭了，光光只是心之本
抢劫盗窃的想法一样，都一一消除，只剩下原本的"心体"，

抢劫活动　　　　　　　　　　　　　　　　　　画重点！

体，看有甚闲思虑？此便是"寂然不动"，
看看还有什么闲思杂念呢？　　这就是"心上不起一丝波澜"

便是"未发之中"，便是"廓然大公"。自然
"心灵不受外界事物影响"，是"心胸广阔，毫无私念"。　到此自然是

心无旁骛

表现出来却都能够有所节制

"感而遂通"，自然"发而中节"，自然"物
"与世间万物感应相通"，是"情感发出来时中正平和"，　是"遇到任何事物时

来顺应"。
都能坦然应对"。

"心学"小课堂

人人都在追求名利,这条路上注定人满为患。想要获得名利,就要与人钩心斗角,付出大量的时间与精力。有些时候,更要为了超越他人,而抛却原则、底线,甚至是良心。越是渴望名利,心态就越是会随着名利远近而起伏,心浮气躁就成了经常出现的情况。想要实现自我提升,修心养性,就要先抛却名利私欲,保持心态的平和。

抛却名利私欲,自然就能消除杂念,坚守本心。

11　所谓良知，就是守护心中的天理

事物的规律和法则

心即**理**也。此心无私欲之蔽(bì)，即是天
本心就是天理。　　这样的本心没有被私欲蒙蔽，　　就是天理，

理，不须外面添一分。以此纯乎天(tiān)理之心，
　　不用到心外再添加一点一滴。　　纯洁的天理本心，

发之事父便是孝(Xiào)，发之事君便是忠(zhōng)，发之
表现在侍奉父母上就是孝，　　表现在辅佐君主上就是忠，　　表现在

孝顺

衷心

交友、治民便是信与仁。只在此心 去人欲 、
结交朋友、治理百姓上就是诚信、仁爱。　只需摒弃私欲，

结交认识新朋友

画重点！

存天理 上用功便是。
保持心中的天理就可以了。

"心学"小课堂

什么是天理?天理就是"本应该是这样"的道理。人之初,性本善。对于人来说,良知,也就是那些与生俱来的美好品德,就是天理。

虽然它是与生俱来的,但是随着不断接触外物,私欲也随之滋生。因此,我们要守护好良知,守护好心中的天理,保持住那份与生俱来的善念。

12 资质平平，努力就行

夫学、问、思、辨、笃(dǔ)行(biàn)之功，虽其
学、问、思、辨、行的功夫，　　　　　　　　　　虽然有人天资平平，
画重点！ 广泛学习、反复推敲、缜
密思考、明晰分辨

困勉至于人一己百，而扩(kuò)充之极，至于尽
要付出比别人多的努力才能参悟，但只要达到了尽性知天这个功夫的极限，
处于艰难困窘的环
境而无法摆脱

性知天，亦不过致吾心之良知而已。良知
说到底也不过是穷尽自己本心的良知罢了。

指引人们行为
的内在准则

háo 毫毛的末端。比喻极其细微。
之外，岂复有加于毫末乎？
在良知以外，难道我们还能再增添分毫吗？

"心学"小课堂

每个人的天资各不相同：有些人天资卓越，可以轻易做到他人做不到的事情；有些人则天资平平，不管做什么都比那些天资好的人慢一些、差一些。那么，天资差的人就不能成功吗？当然不是。即便天资不佳，也可以通过不断努力达成与那些天资好的人同样的效果。特别是有些事情是有上限的，只要尽到了努力，即便是那些天资更好的人，也没办法超出极限。

13 简单的，才是生活

"道之大端易于明白"，此语诚然。
圣道的主要含义容易理解，　　　　这话说得没错。

画重点！

顾后之学者，忽其易于明白者而弗由，
综观后世学者，　　都是忽视最简单的道理而不用，

学者：具有一定学识水平、能在相关领域提出见解的人

而求其难于明白者以为学，此其所以"道
而追求那些晦涩难懂的东西，　　这就是孟子所说的，

求其难：以难懂的事物为目标

语出《孟子·离娄上》

在迩而求诸远，事在易而求诸难"也。
"道理近在眼前，却到很远的地方去寻求，事情有简单的解决方法却按困难的方法去解决"。

舍近求远

"心学"小课堂

世界上的一切本不该如此复杂，不管是生活还是学习，越是将其简单化，就越容易获得成功。把简单的事情复杂化，不是因为事情本身复杂，而是因为人心中掺杂了许多复杂的东西，事情也就随之变得复杂了。因此，不管是面对学习还是生活，心思简单一些，事情也就更容易一些。

放下冗杂，回归简单，自然就能轻松自如、潇洒自在！

14　心怀大志，能成大事

工夫大略亦只是如此用，只要无间断，到得纯熟后，意思又自不同矣。大抵吾人为学，紧要大头脑，只是"**立志**"。所谓"**困、忘**"之病，亦只是志欠真切。

"心学"小课堂

谈论人生的时候,迷惘两个字是经常出现的。不管是学习还是生活,总有些时候我们会不知所措,不仅不知道该怎样做,甚至不知道该做什么,久而久之,就会产生迷惘。迷惘之后,要么只知道玩乐,要么就像行尸走肉一般随波逐流。你想过将来要过怎样的生活吗?要达成怎样的理想?没有的话,就先从立下志向开始。志向如同灯塔,帮你照亮前进的道路,使你不再迷惘。

15 好高骛远，注定碌碌无为

后儒不明圣学，不知就自己心地"良
后辈儒者不明白圣人真正的学问，不知道从自己的本心去体会
后世的儒者

知良能"上体认扩充，却去求知其所不知，
扩充良知良能， 反而追求自己不知道的知识，
画重点！ 对未知知识的探索

好高骛远、自视甚高。
求能其所不能，一味只是希高慕大，不知
追求自己做不到的事情，好高骛远，不切实际。

自己是桀、纣心地，动辄要做尧、舜事业，
在心如桀、纣的情况下， 却要追求尧、舜的事业，

如何做得？终年碌碌，至于老死，竟不知
怎么可能做得到呢？因此，他们只能一生碌碌无为，直到年迈体衰，都不知道
年纪大

成就了个甚么，可哀也已！
自己这辈子到底成就了什么，实在是可悲可叹！

"心学"小课堂

不积跬步,无以至千里;不积小流,无以成江海。人人都向往成功,甚至无数次在脑海中练习当自己得到一个机会时会怎样发挥,会取得怎样的成功。这样的想法无异于直接畅想漫长成功路的最后一步,那么中间的无数步路要怎样走呢?好高骛远者并不知道,只有一步一个脚印,踏踏实实地前进,才能真正走到最后一步。只知道最后一步怎么走,是没有意义的。

16 不心存刻意,不自寻烦恼

吾辈用功,只求日减,不求日增。减

我们用功,只求一天天减少内心私欲,不求一天天增长。

逐渐减退

得一分人欲,便是复得一分天理。何等轻

减去一分内心的欲望,便是恢复一分天理。

画重点!

自然的法则

快脱洒!何等简易!

这是多么洒脱、多么简单易行的啊!

无所拘束、潇洒自如

"心学"小课堂

心性的好坏远比知识的多少更加重要,培养出良好的心性,最重要的就是不自寻烦恼。有些事情已经发生,再去烦恼也毫无意义,不如先做好手头的事情。越是自寻烦恼,心头的事情就越多,心情也会随之浮躁起来。到时候,别说其他的事情解决不了,就连手头的事情也难以做好。

17 别让自以为是，成为阻碍进步的绊脚石

譬如方丈地内，种此一大树，雨露之
比如，在一块方圆一丈的地里种上一棵大树，　　　　雨水的滋养，

一丈见方的面积

滋，土脉之力，只滋养得这个大根。四傍
地里的肥料，　都用来养这棵大树的树根了。

纵要种些嘉谷，上面被此树叶遮覆，下面
如果你在大树的周围种上些谷物，谷物之上有树叶的遮挡，

谷类作物

被此树根盘结，如何生长得成？须用伐去
谷物之下又因树根的存在而汲取不到营养，如此它怎能长大成熟呢？　　　　　　　　除掉

此树，纤根勿留，方可种植嘉种。不然，
只有砍掉大树，拔起树根，才能种植谷物。　　　　　　　　　　不然，

画重点！

任汝耕耘培壅，只是滋养得此根。
你耗费再多的时间、精力去耕耘栽培，也只是在滋养这棵大树的树根罢了。

植物长在土中或水中吸收养分的部分

"心学"小课堂

人要有自信，但却不可自傲、自满。一旦自傲、自满的情绪开始出现，就难以正确看待自己、接受正确的东西，视野就会越来越狭隘。

18 傲慢是人最大的弊病

人生大病，只是一"傲"字。为子而傲
人最大的弊病，就是一个"傲"字。　　　　为人子，若是傲慢，

画重点！
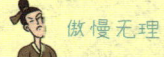
傲慢无理

必不孝，为臣而傲必不忠，为父而傲必不
必定不孝；　为人臣，若是傲慢，必定不忠；　为人父母，若是傲慢，

忠诚、忠心

　　　　　　　　　　　　　　　　　　正派；长进。xiào
慈，为友而傲必不信。故象与丹朱俱不肖，
必定不慈爱；为人朋友，若是傲慢，必定不诚信。因此，象和丹朱都是不肖之辈，

象，舜的异母弟　丹朱，尧的长子，中国
弟，本性傲狠　　围棋界最早的"棋圣"

亦只一"傲"字，便结果了此生。诸君常要
也因为傲慢断送了一生。　　　　　　大家应该时常

体此。人心本是天然之理，精精明明，无
体察反思是否有傲慢的念头。人心原本就是天然的理，天然的理精明纯净，

省
审视和反省

xiān　rǎn
纤介染着，只是一"无我"而已。
没有丝毫污染，只是有一个"无我"罢了。

本义指使布帛等物着色，
此处指污染

"心学"小课堂

人无完人,即便是孔子这样的圣人,也有犯错的时候。犯错可怕吗?犯错就要接受惩罚,承担后果。那么,比犯错更可怕的是什么?是傲慢。傲慢让人没有办法认识错误,也就没有办法改正错误。知错能改,善莫大焉。知错不改,就会不断犯错,不断被惩罚,没办法吸取教训。还有什么比傲慢更可怕的吗?

19 谨言慎行，慎独慎微

必欲此心纯乎天理，而无一毫人欲之
一定要让心和体更加纯粹地接近天理，让心中没有一丝一毫的私欲，

私，此作圣之功也。必欲此心纯乎天理，而
这就是成为圣人的方法。一定要。想要做到这一点，

无一毫人欲之私，非防于未萌之先而克于方
必须在个人欲望出现之前就加以防范，出现的时候马上制止它。

萌之际不能也。防于未萌之先而克于方萌之
在产生前防范，在萌芽时制止，

际，此正《中庸》"戒慎恐惧"、《大学》"致
这是《中庸》中的"戒慎恐惧"和《大学》中"致知格物"所说的修身方法，

知格物"之功，舍此之外，无别功矣。
除此之外，就没有别的办法了。

"心学"小课堂

人们常说,养成一个习惯要二十一天。好习惯是这样,坏习惯也是这样。许多坏事情、坏习惯,并不是第一天就形成的,要在相当长的时间里放任其成长,才会出现。根除坏习惯,解决一件坏事,并不容易,但要是能在其没有形成之前就发现,解决起来就容易得多。所以,我们要善于观察,保持警惕,千万不要放任坏事情发展、坏习惯成长,而要将其趁早解决。

错误出现之前就要加以防范。

20 换位思考，用心体会

须于心体上用功，凡明不得，行不去，
想要学得透彻，必须用心去学， 凡是弄不明白、解释不通的，

下功夫，努力学习

须反在自心上体当，即可通。盖《四书》
就要返回自身，用心体会，如此才能学得明白、理解畅通了。《四书》《五经》

通畅，没有阻碍

《五经》不过说这心体，这心体即所谓道(wèi)，
讲的不过是心学，心学所说的是天理。

心体明即是道明，更无二。此是为学头
明白了心学，天理就懂了， 没有其他的方法。这也是学习的关键所在。

画重点！

脑处。

要旨

058

"心学"小课堂

人与人之间的差距是很大的,因此,单单从我们自己的角度去思考,很难完全明白对方的想法,体会对方的感受。与他人换位,就能理解对方需要什么,知道对方没说出口的话是什么意思。这样就能做出更符合他人想法的举动,获得更好的人际关系。即便是在学习时,也能通过与文章作者、诗人换位思考,理解文章与诗歌的意思。

懂得换位思考,才能真正明白对方想要表达的意思。

21　天理常在，做人须表里如一

汝但戒(jiè)慎不睹，恐惧不闻，养得此心

你只要在无人看到时仍然谨慎警戒，在无人听到时也有所敬畏，此心修养得

谨慎　担惊受怕　画重点！

纯是天理，便自然见。

纯为天理，这时你就有了真正的见解。

看得出

"心学"小课堂

人们做事情的时候,总要有个原因。不同的原因会让事情有不同的走向,得到不同的结果。有的人在学习的时候专心致志,即便没有他人看着,也能持之以恒,完成任务。有些人则不同,学习是应付老师,应付家长。有人看着他,就装模作样,没人看着就魂飞天外。然而,不管有没有人看着,最后的结果都能反映出你是否认真做了事情,做了好事还是坏事。所以,做事不能只看表面功夫,表里如一才能取得好的成果。

22　人贵有志，志贵恒

师门致知格物(zhǐ)之旨，开示来学，学者
先生致知格物的主张，　　　　开导、点化了学习的人，学习的人
穷究事物的道理

躬(gōng)修默悟，不敢以知解承(jiě chéng 继承；领悟)，而惟以实体
亲身修习，默默领悟，不敢只是在文字上体会，而是切实体验才能有所得。

得，故吾师终日言(dàn)是而不惮其烦，学者
先生终日讲学而不厌其烦，
说，讲

终日听是而不厌其数。盖**指示专一，则**
听讲的人终日听讲也不厌其烦。　　因为学说主旨专一，所以人们
画重点！

理解；领悟；注意。

体悟(wù)日精，几迎于言前，神发于言外，
领悟得更加精确、细微。先生还没有讲到，弟子们已经知道要讲什么了，
身体力行

感遇之诚也。
理解也超过言语之外，这充分体现了两者的诚心。

"心学"小课堂

学习讲究专一、专心。三心二意,不能专注于一件事情,哪件事情都不会做到最好。专心的时候,更能领悟事物的细微之处,理解就更加准确。

做事情,一次不成就两次,两次不成就三次,专心致志,总能有收获。

23 接纳良言，才能确立真知

宜其闻吾圣人之教时，而视之以为赘
当他们听到圣人的教诲时，　　　　　就把它当成累赘、包袱。
　　　　　听见　　画重点！　　　　　　　　　　多余而无用的

yóu　ruì　záo
　　　　　　　　　　　　　不足，不能，犹言算不得。
疣、枘凿。则其以良知为未足，而谓圣人
　　　　　因此，他们认为良知并不完美，

之学为无所用，亦其势有所必至矣！
认为圣人的学问是无用之术，也是势所必然的了。

没有地方可以用上

"心学"小课堂

不管是生活还是学习,都有很漫长的路要走。在路的前面,有前辈,有师长,还有比我们走得快的同学。他们走在前面,看得自然比我们更远。更何况,我们走过的路,他们早就走过了。当我们偏离中心、行差就错的时候,有人能出言规劝,这是许多人求之不得的。因此,分得清好话、坏话,能够虚心接纳批评,前面的道路就能平坦很多。

24 毁誉皆是身外之物

人只贵于自^{修养}修,若自己实实落落(Luò)是个圣贤,
人最珍贵的地方在于自身修养,如果自己真的是圣贤,

纵然人都毁(huǐ)他,也说他不着。却若浮云掩(yǎn)日,
就算有人诽谤他,   也不能说倒他。   这好比浮云遮住了太阳,

比喻有人或事物遮住视野或阻挡道路

如何损(sǔn)得日的光明。若自己是个象恭色庄、不
怎能折损太阳的光芒?   如果自己是个外表谦虚庄重、

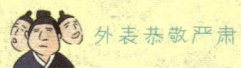
外表恭敬严肃

坚不介的,纵然没一个人说他,他的恶慝(tè)终须
实则内心不坚定的人,就算没有人诽谤他, 他的恶念也终有

一日发露。所以孟子说"有求全之毁,有不虞(yú)之
一天会暴露。 所以,孟子才说:"有料想不到的荣誉,有苛求完美的诋毁。"

流露

画重点!

誉(yù)"。毁誉在外的,安能避得,只要自修何如尔。
诽谤和名誉都是外面施加的,怎么能躲避得了呢?所以,只能提升自我修养,以此来应对。"

修养自己的德行

"心学"小课堂

在成长阶段,我们不可避免地会渴望得到他人较高的评价,但其实,不管这些评价是好是坏,都不可能真正地改变你。与其在意他人的目光,不如做好真正的自己。

25　良知不容欺骗，君子当光明磊落

不欺则良知无所伪而诚，诚则明矣；
君子不欺诈，良知就是干净真诚的，　　　就是光明的；

画重点！

自信则良知无所惑而明，明则诚矣。明、
君子能自信，良知就不会迷惑，就是干净的，　　就是诚信的。

诚相生，是故良知常觉、常照；常觉、常
光明与诚信互相促进，良知才能常觉、常照。　　　常觉、常照

 光明总是伴着真诚

照则如明镜之悬，而物之来者自不能遁其
就如同高悬在公堂的明镜一样，　　万事万物都不能遮掩其原本的美丑。

 明察，明鉴

妍媸矣。

 美与丑

"心学"小课堂

因为良知影响到个人品行的方方面面,所以不难从一些小事上看出一个人的品行。千万不要觉得在一些小事上有不光明正大的行为不要紧,这样不仅会养成不好的习惯,更会让其他人以小见大,认为你是个品行糟糕的人。与人交往也是如此。发现某人在小的方面不诚信时,千万不要觉得没什么大不了的,他很有可能在面对大事的时候同样做出不好的选择。

身正不怕影斜,正直就是我们为人处世的底气。

26 欲望少一点，快乐就多一点

目本说色，耳本说声？惟为人欲所蔽所
眼睛本来就喜欢美色，耳朵本来就喜欢谐声，只有人的本心因为被私欲所蒙蔽，

累，始有不说。今人欲日去，则理义日洽
才始终不知道自己喜好什么。如果私欲一天天减少，天理仁义一天天滋润本心，

浃，安得不说？
怎么能不开心呢？

说 yuè 同"悦"，高兴，愉快。

"心学"小课堂

人天生就有喜欢的东西,这很正常。但是,喜欢的东西越来越多,甚至超出了自己的能力,那该怎么办呢?不断地去追求更好的东西的确能让人获得满足。但是,这种追求如果没有止境,只能把人拖垮。要追求更好的东西,也要知道什么时候该知足。一个阶段、一个阶段地提升,才是正确的,才能让人感到快乐。

等你能够摒弃私欲的时候,快乐自然就出现了。

27 不怨天，不尤人

会稽(jī)素号山水之区。深林长谷，信步
会稽素被称作山水清秀的地区。　　茂密的树林、幽深的峡谷，
会稽郡，位于长江下游江南一带　　大山的深处

皆是，寒暑晦(huì)明，无时不宜。安居饱(bǎo)食，
不管是寒暑还是阴晴，气候都非常宜人。　这里的人们生活安定，衣食无忧，

尘嚣(xiāo)无扰，良朋四集，道义日新，优哉(zāi)
没有世俗的打扰，只有好朋友在此聚集，切磋道义，每日都有好的见解，
会聚

游哉！天地之间宁复有乐于是者？孔子云：
太自在了，天底下还有比这更好的吗？　　　　　　孔子说：

"不怨(yuàn)天，不尤(yóu)人，下学而上达。"仆与
"不怨恨上天，不责怪别人，　下学人事，上达天命。"我跟几位朋友
画重点！

二三同志方将请事斯(sī)语，奚(xī)暇(xiá)外慕？
遵照孔子的教导，哪里有时间想着外面的事情呢？
志同道合的友人

"心学"小课堂

人的一生很长，谁还能不碰见几件不顺心的事情呢？谁还能不经历人生的低谷呢？既然事情已经发生，不管是埋怨时运不济还是他人对自己的影响，都是毫无意义的。与其满心怨愤，不如洒脱一些。只要行得正，坐得端，不愧对他人，不愧对自己就行了。

28 顺其自然，心宽则世界广大

如今于凡**忿懥**等件，只是个 物来顺应，
(fèn zhì)
现在，对于愤怒、恐惧等情绪， 只要顺其自然，
愤恨畏惧
画重点！

不要着一分**意思**，便心体廓然大公，得其
(kuò)
不过分在意， 自然可以做到心胸宽广，大公无私，
介意

本体之**正**了。
进而保持心的中正。
不偏不倚

"心学"小课堂

每个人在不同的阶段，影响力也不一样。应该忧心多大的事情，要根据影响力来决定。不如意的事情发生时，可以尽力去改变。无法改变的时候，应该放宽心态，顺其自然。越是急切，就越是深陷其中，难以从更广的角度看问题，找到解决之道。放宽心胸，世界自然就大了起来，反而能将事情看得更清楚。

心胸有多宽广，世界就能有多开阔。

29 心之所想，力之所及

只念念要 **存天理，即是立志**。能不忘
所谓立志，就是一心牢记不忘存天理。　　　　　如果将这一点牢记于心，

画重点！

乎此，久则自然心中 凝聚(yóu)。犹道家所谓
　　时间久了，天理自然会凝聚在心里。　　这就像道家说的

聚集或积聚的过程

道家说法，即精神凝聚。

"结圣胎"也。此天理之念常存，驯(xùn)至于
"结圣胎"。　　只要把天理的意念时刻记在心里，渐渐就能达到孟子所说的

美大圣神，亦只从此一念存养扩充去耳。
宏大、神圣的境界，保持人的本心，扩充人的善性。

孟子对完美人格的追求

"心学"小课堂

时势造英雄,为什么有些人成了英雄,有些人则没有呢?时势难道是不公平的吗?当然不是。时势是一种机会,而机会总是留给那些有准备的人。心里总是想着、念着,始终不肯放弃志向,那么,机会到来的时候,自然能在第一时间抓住,原本遥不可及的梦想,就有了实现的可能。

立志

把目标刻印在心里,时刻牢记。

30 不做情绪的奴隶

却是**诚意**,不是私意。**诚意只是循**
这是内心真诚的本意,不是自私欲望的本意。　诚意就是遵循天理。

 真诚和诚恳的心态　　　　　

天理。虽是循天理,亦着不得一分意。
　　　　尽管遵循天理去做事,也不能添加一分私意。

故有所忿懥好乐,则不得其正。须是廓
因此,心中有一丝激愤、怨恨、喜欢、高兴,受这些情绪影响,就不能保持中正平和了。

然大公,方是心之本体。知此即知"未
人应该心胸宽广,大公无私,这样才是内心最初的本质。明白这些,也就明白

发之中"。
什么是"未发之中"了。

"心学"小课堂

人们常说"当局者迷，旁观者清"，在旁边观看事情的人，总是能比当局者看得更清楚。为什么会出现这样的情况呢？主要原因是当局者往往受到各种情绪的影响，在情绪波动中丢失了本心。只有保持冷静，不带情绪地看待事情，才能做出客观的评价和正确的选择。被情绪支配，做情绪的奴隶，只会让自己后悔。

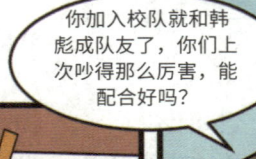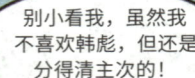

31 治病去根，才算痊愈

病虐之人，疟虽未发，而病根自在，
得了疟疾的人，　　即便还没有发病，　只要病根还在，

则亦安可以其疟之未发，而遂忘其服药调
就不能因为不发病而不去服药调理。

理之功乎？若必待疟发而后服药调理，则
　　　　　非要等到发病了再吃药调理，

既晚矣。致知之功，无间于有事、无事，
那就已经晚了。　在致知上下功夫，不管有事还是没事都不能间断，

而岂论于病之已发、未发邪？
哪里能等着病情发作再做呢？

"心学"小课堂

有一句俗语是这样说的:"病来如山倒,病去如抽丝。"治疗疾病的过程是非常艰难的,如果不能去掉疾病的根源,治标不治本,疾病就会反复发作。我们解决问题也是如此,不能头痛医头、脚痛医脚,要学会找到产生问题的根源,一次性将其解决,避免将来反复出现。

32 自知之明，是难得的见识

今欲**去**此之蔽，不知致力于此，而欲
　　消除。
如今，想要消除这一毛病，却不懂得向内求索，　　　反而

以外求。是犹**目之不明者**，不务服**药**调理
一再向外探求，　就如同眼睛生病看不清事物，不吃药调理以治眼疾，
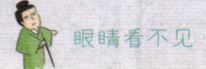
　　　　　　　　　眼睛看不见　　　　能治病的物品

以治其目，而徒怅怅然求明于其外，明岂
　　　　　　　　chāng
　　　　　　　反而一再到外界寻求光亮一样，
　　　　　　　　　　　　　　　　追求光明

可以自外而得哉？任情**恣**意之害，亦以不
　　　　　　　　　　　　　zì　yì
怎么可能找得到光亮呢？　　　放纵自我的坏处，

能**精察天理于此心之良**知而已。此诚**毫厘**
　　jīng chá
究其根本也是因为不能在本心良知层面寻求天理。　这些容易差之毫厘、
　　　　　　　　画重点！

千里之**谬**者，不容于不**辨**。
　　　miù　　　　　　biàn
谬以千里的问题，必须加以明辨。
　开始相差很小，但结果
　　　　　　可能造成很大的误差

"心学"小课堂

俗语道:"人贵有自知之明。"自知之明是傲慢的克星,是骄傲的冷却剂。人有了自知之明后,就很难落入陷阱。他人的激将法、自己的冲动,都会在自知之明中得到理智的答案。不做超出能力范围的事情,既不会丢脸,也不会受伤。因此,自知之明是非常宝贵的本领和难得的见识。

33 放松，才能过得轻松

父之爱子，自是至情。然天理亦自有
父亲关爱孩子，自然是最真挚的感情。　　但是，天理也有个中正适度，

父亲的关心爱护

个中和处，过即是私意。人于此处多认做
一旦超过这个限度，就会成为私欲。　　绝大多数人在这个时候，

天理　私心

天理当忧，则一向忧苦，不知已是"有所
依照天理会伤心忧愁，然而一味地忧愁痛苦，殊不知自己已经陷入"悲伤过度，

应当担忧

忧患，不得其正"。大抵七情所感，多只是
不能保持天理中正平和"的状态。　通常来说，人的七情六欲一旦出现，往往只会

因困苦患难而忧虑

过，少不及者。才过便非心之本体，必须
过分地多，很少有不足的。　然而，只要过分，便不再是心的本体，

画重点！

调停适中始得。
一定要通过调节才能达到适中。

调节

"心学"小课堂

活得轻松是一项难得的本领,不仅先天很难获得,后天也很难学会。人们难以轻松的根本原因,就是不愿意放松,对任何事情都绷紧神经,所有事情都逼自己做到最好,经常沉溺于各种负面情绪中不能自拔。只有放下执念,放下贪婪,放下过去,才能学会放松,活得轻松。

34 快乐与否,一念之间

虽在 忧苦 迷弃之中,而此乐又未尝不
虽然在烦恼中丢掉了快乐, 但这不代表快乐不存在,
忧愁痛苦

存,但 一念开明,反身而诚 ,则即此而在
只要一个念头想透彻了,回过头自然能找到并获得真正的快乐。
思想开通　画重点!

明朝官员,陆澄,字原静。

矣。每与原静论,无非此意,而原静尚有
我每次和你讨论的时候,说的都是这个意思,
议论辨析

"何道可得"之问,是犹未免于 骑驴觅驴 之
你却还是在问到底要如何寻找快乐。这显然是骑驴找驴啊!
骑着驴去找别的驴

蔽也。

"心学"小课堂

如果询问别人有什么追求，会得到各不相同的答案。要是对这些答案进行分析，会发现它们本质上都是在追求快乐。对快乐的要求不同，决定了一个人是否能够快乐。有的人可能要成为世界首富才快乐，有的人吃饱穿暖就已经满足了。两者的快乐没有高低之分，只是那个要求更多的人更难快乐起来罢了。

35 失败有时恰恰是因为想得太多

天理在人心，亘(gèn)古亘今，无有 终始 。
天理在人的心中，从古至今，无始无终。

全过程

天理即是良知 ，千思万虑，只是要致良知。
天理就是良知，千思万虑也只是为了致良知。
画重点！

纯洁光亮；精诚；聪敏仔细。
良知愈思愈精明，若不精思，漫然随事应
人的良知是越思考越精明，如果不去细细思考，散漫地被事情牵着走，

去，良知便粗了。若只着在事上茫茫荡荡(dàng)
良知就会变得粗陋。如果只在事情上没有边际地思考，

不精致

去思，教做 远虑 ，便不免有毁誉、得丧、
让人存有远虑，难免掺杂毁誉、得失、
长远的考虑

人欲搀(chān)入其中，就是将迎了。
私欲，这就是所谓的迎合。
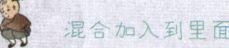
混合加入到里面

"心学"小课堂

人无远虑,必有近忧。做好计划和准备,总是能让事情变得简单。但是,远虑要有个限度。思考得越多,发现的问题就越多。这时候,做事情就会变得畏首畏尾,失去勇气。我们不可能做所有的准备,也就没必要将思考做到极致,否则不仅会浪费时间和精力,也未必能得到好的结果。

36 学以致用,才叫学到东西

学射则必张弓挟(xié)矢(shǐ),引满中的;学书
学习射箭,就必须到靶场张弓搭箭,拉满弓弦射中目标。 学习书法,

 弦拉紧的弓　　 箭射中靶心

则必伸纸执(zhí)笔,操觚(gū)染(rǎn)翰(hàn)。尽天下之学,
就必须拿出笔墨纸砚,　　　执笔书写。　　　天下所有的学问,

 拿笔书写

无有不行而可以言学者,则学之始固(gù)已即
没有不用实践执行就可以称作学会了的。 因此,学习的开始,就是实践执行

 能够称为　　　 画重点!

是行矣。
的开始。

"心学"小课堂

学习的本质是什么?目的又是什么?是为了应付考试,还是为了让自己得到提升?其实,学习的根本目的是运用学到的知识,改变看待事物的眼光和思考问题的方式。因此,想要学得好,学到东西,就要学会运用知识,举一反三。死记硬背,只能说把内容背了下来,而不是真正学到了知识。

37 学问学问，边学边问

盖 学之不能以无疑，则有问，问即学
学习不可能没有疑惑， 有了疑惑就应该有所发问，
画重点！ 不明白之处请人解答

也，即行也；又不能无疑，则有思；思即
发问就是学习，学习也即实践。询问后还会有疑惑，就必须有所思考，
yi
思考

学也，即行也；又不能无疑，则有辨，辨
思考即学习，就是实践。 思考后还会有疑惑，就应该加以明辨，
明辨是非

即学也，即行也。
明辨就是学习、实践。

"心学"小课堂

学习知识,不能仅仅是表面上学会了,更是要将知识吃透,将来才能在使用的时候畅通无阻。那么,有了疑惑怎么办?有某句话不理解意思,怎么办?当然是要找其他人帮忙解答疑惑。老师、同学、家长,都是可以询问的对象。不要耻于发问,因为发问本身就是学习的过程,是学习的一部分。

38 掌握分寸，别把好事做出坏结果

与人论学，亦须随人分限所及。如树
与别人谈论学问，也必须考量别人的能力。

画重点！　限制或约束

有这些萌芽，只把这些水去灌溉（guàn gài），萌芽再
这就好像小树刚刚发芽，只能一点点浇灌。

去用水浇灌

长，便又加水。自拱（gǒng）把以至合抱，灌溉之
小树长大一点儿，可以多浇一些水。树从双手合握到双臂合抱，

两臂抱拢，通常形容树木等物粗细

功皆是随其分限所及。若些小萌芽，有一
需要浇灌多少水都应该依据成长的大小粗细来定。如果小树刚刚发芽，

自然界中草木初生发芽

桶水在，尽要倾（qīng）上，便浸（jìn）坏他了。
一下就浇一桶水，肯定把它淹死了。

"心学"小课堂

乐于助人是一种美德,但即便是做好事,也要讲究方式方法。不考虑对方的情况,一股脑儿地按照自己的办法帮助他人,很有可能好心办坏事。身体强壮的人帮助身体瘦弱的人做运动,强度和数量自然不能按照强壮的人的标准进行。即便在强壮的人眼中,这不过是轻而易举之事,而瘦弱的人却没有办法按照这个标准执行,强行去做只会伤了身体。

39　诚信是立身处世的基点

"诚"字有以工夫说者。诚是心之本体，
有人从功夫的角度来阐述对"诚"的看法，认为诚是内心的本体，

求复其本体，便是思诚的功夫。明道说"以
要恢复内心的本体，　便是让自己心诚的功夫。　程颢说的"以
还原　　　　　　　运用思维反省，　　程颢（hào），字伯淳，
　　　　　　　　　达到至诚境界　　　学者称其明道先生

诚敬存之"，亦是此意。
诚敬存之"，　也是这个意思。

"心学"小课堂

诚信是一个人的立身之本。人存在于社会之中,诚信是基本的道德依存,是儒家的传统伦理准则。

王阳明警示人们要以忠实诚信为行事准则,不被名利诱惑,这样修养会越来越高,事业也会越做越大。

40　学问没有止境，要深入探究

诸公近见时少疑问。何也？人不用功，
近日来，我见各位鲜少再问我问题，这是什么原因呢？你们不在学问上下功夫，

有不理解的地方

莫不自以为已知，为学只循而行之是矣。
难不成认为自己已经知道怎么做学问了？认为只要按照已知的方法去做就行了？

殊不知私欲日生，如地上尘，一日不扫便
殊不知，这只会让你的私欲日益滋生，好比地上的灰尘，一天不打扫，
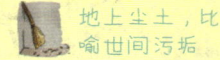
地上尘土，比喻世间污垢　　除去，消除

又有一层。着实用功，便见道无终穷，愈
就会又厚上一层。真正去下功夫，才能发现圣道的学问是没有止境的，越是深入探究，

学问没有穷极

探愈深，必使精白无一毫不彻方可。
越会觉得深奥，一定要做到精通、明白，不能有一丝一毫不明白的地方才可以。

画重点！

"心学"小课堂

我们学习学的是什么呢?是表面的知识吗?加法学会了1+1,就只能知道1+1吗?学习知识是为了学会方法,使用这些方法为我们的生活增加便利。学会了1+1,重要的是学会了加法,进而解答其他关于加法的问题。所以,学习要深入研究,学会方法,而不要满足于学会解答表面的问题。

41 百年钻故纸，何日出头时

孔子云："吾犹(quē)及史之阙文也。"孟子云：
孔子说："我见过史书有值得怀疑的地方。" 孟子也说：
如同

"尽信《书》不如无《书》。吾于《武成》，
"什么都相信《尚书》，不如没有《尚书》， 我也不过从《武成》
画重点！ 书即《尚书》，此处意为不可盲目相信经典

取二三策(cè)而已。"孔子删《书》，于唐、虞、
吸收了一部分罢了。" 孔子删减《尚书》，对于尧、舜、禹四五百年的历史，
去掉

夏四五百年间不过数篇，岂更无一事，而所
也不过用几篇文章概括了，这难道是因为没有别的值得记载的地方吗？

述(shù 记载；记述)止此？圣人之意可知矣。圣人只是要删
之所以这么做，圣人的意思已经很明白。 他们就是要删除烦冗的文字，

去繁文，后儒(rú)却只要添上。
可惜后来的学者不知其意，硬是画蛇添足。

"心学"小课堂

人们常说世界是在不断变化的,其实是我们对世界的理解越来越深,才有了这些变化。那么,很久以前,人们总结出的道理到今天还适用吗?有些道理依然适用,还有一些已经因为人们对世界的理解更深刻而逐渐被淘汰了。钻研前人的学问固然是好的,但在理解、运用上,要与如今的情况相结合,才能得出正确的结论。一味地相信过去的东西,不仅跟不上时代,也很难产生自己的理解。

> 总是低头跟着旧线路走,便会永远在原地打转。

42　勇于创新，别让传统变成桎梏

适合；恰当。

纵有传(者)，亦于世变渐非所宜。风气

哪怕是流传下来的，因为环境变化也未必适合当下的社会了。随着历史发展，

传承

(yì)益开，文采日胜。至于(周)末，虽欲变以

风气逐渐开化，文采日益昌隆。　　到了周朝末年，想要恢复

中国历史上继商之后的第三个王朝

夏、商之俗，已不可(wǎn)挽。况(唐)、(虞)乎？又

夏朝、商朝之时的风俗，就已经不太可能了，又何谈唐虞时期，

唐尧与虞舜，上古两位帝王

况(xī)羲、(黄)之世乎？然其治不同，其道则一。

更何况是伏羲、黄帝时期呢？各个朝代的统治方法不同，但遵循的道是一致的。

伏羲与黄帝，上古两位帝王

画重点！

"心学"小课堂

不同时代有不同的特点,在不违背道德、法律的情况下,不妨根据当前时代的特点大胆创新。一味地保守,岂不是活在过去,成了古人?

43 大胆尝试，实践出真知

如人走路一般。走得一段，方认得一
好比人走路一样，　　　　　只有走一段路，　　才能认识这一段路；
　　　　　行走　　　　　　　　　　　　　　　能够确定某
　　　　　　　　　　　　　　　　　　　　　　个人或事物

段；走到歧路处，有疑便问。问了又走，
　　走到岔路口时，　　　如果有疑问，　　问了人再走，
　　　　分支出来　　　　　画重点！
　　　　的小路

方渐能到得欲到之处。
才能慢慢到达想去的地方。
　　　　　　希望到达
　　　　　　的所在

"心学"小课堂

"纸上得来终觉浅,绝知此事要躬行"。生活中的许多事情如果不亲身实践,是很难得出正确的结论的。特别是在这个信息时代,互联网上充斥着大量假的、一知半解的、半真半假的内容。如果不能亲身实践,这些东西只能是"我听说""好像""大概",而不是切实知道、能被确定的知识。与人谈论这些东西,会对他人造成误导。遇到紧急时刻,这些东西不仅不会帮助你,反而会成为你的麻烦。

44 别在追求得失时,迷失了自我

凡处(chǔ)得有善有未善,及有困顿失次(dùn)之
事情难免会处理得有好有坏,有些时候还会有令人担心的困扰和混乱,

不能事事如意

患(huàn)者,皆是牵于毁誉得丧,不能实致其良
这都是因为被得失心所牵绊,太过于在意毁誉得失,不能彻底按照

纠缠使不能脱开

知耳。若能实致其良知,然后见得平日所
自己的良知去行动。如果真的能致良知,那就可以明辨是非,看清平日里

谓善者未必是善,所谓未善者却恐正是牵
处理得好的那些事情未必是真的好,那些不好的事情恐怕就是因为太在意

不一定　　　　　　　　　　画重点!

于毁誉得丧,自贼(zéi)其良知者也。
毁誉,损坏了心里的良知。

"心学"小课堂

得到会快乐,失去会难过,这是再正常不过的心理反应。但是过度追求得失,只会在这条路上越跑越远,越跑越快,最终忘却了原本的目的和真实的自我。

45 以人为师，方能有所长进

"舜察迩言，而询刍荛"，非是以迩言
（chá）（xún chú ráo）
舜在弄清楚那些简单的话的时候也要加以思考，并向樵夫请教，这并不是

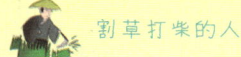
割草打柴的人

当察、刍荛当询，而后如此，乃 良知之发
（chú ráo）
说浅显的话应该去思考，而是舜认为向樵夫请教才是对的。这就是舜的良知起了

画重点！

见流行，光明圆莹，更无挂碍遮隔处，此
作用， 他的良知光明圆净， 没有一点儿障碍和遮蔽， 这就是

所以谓之大知。才有 执着意必，其知便小
（zhí）
真正的大智慧。 如果完全是自己一个人琢磨，那么智慧就小了。

钻牛角尖

矣。讲学中自有去取分辨，然就心地上着
在讲学的时候，自然会有属于自己的取舍和分辨，想要脚踏实地、用心地做学问，

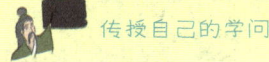
传授自己的学问

实用工夫，却须如此方是。
　　　　　就必须这样。

"心学"小课堂

人类的大脑相差无几,但因为所处环境、接触知识的不同,产生的想法大不一样。与人分享苹果,一人只有一半;与人分享思想,每人都能有两种。所以,在学习的过程中,与他人分享心得,就能让两个人都有进步。因此,多向身边的人学习,多与身边的人分享心得与思想,是能够快速进步的有效方式。

46 因势利导，事半功倍

凡此皆所以 顺导其志意 ，调理其性
这些事情都顺应孩童的天性，引导他们的志向，调理他们的性情，
画重点！ 调和

情，潜消其鄙吝，默化其粗顽。日使之
在潜移默化中消除他们性子中顽愚的部分。

渐于礼义而不苦其难，入于中和而不知
这样的教育会让他们逐渐适应礼仪，性情也会在调理中变得平和。
礼法道义和礼仪

泛指事物的变化，世事的变迁。
其故，是盖先王立教之微意也。
这才是先人推行教育的根本目的。
树立教化，进行教导

"心学"小课堂

风有方向,水有流向,植物、动物也有自己的成长时间。这些都是大自然的规律。按照规律种植庄稼、饲养动物,才能让庄稼茁壮成长、动物繁衍生息。违背自然规律,可能花上一两倍的力气也达不到效果。我们做任何事情都尽量按照规律进行,才能达到事半功倍的效果。

47　自己用心领悟，不要被人左右

夫学贵得之心，求之于心而非也，虽
做学问最重要的是用自己的心去体悟。自己的内心都不能相信这样的说法，

其言之出于孔子，不敢以为是也，而况其
即便是孔子说的，　　　　我也不敢确定就是对的，　　　更何况那些

未及孔子者乎？
比不上孔子的人呢？

"心学"小课堂

同一个问题,每个人都从自己的角度出发,只能得到独属于自己的答案。硬套到他人身上,可能有效,但未必就能达到最好的效果,未必就是最合适的。要学会独立思考,遇到问题时找到那个最适合自己的答案。一味听别人的,不断因为别人的话而改变自己的观点,即便解决了问题,也很难从中学到东西。

48　百尺高楼，也要根基

为学须有本原，须从本原用力，渐渐(jiàn)
做学问要有基础，　　要从基础上下功夫，　　按部就班，

画重点！

盈(yíng)科而进。仙家说婴儿，亦善譬(pì)。婴儿在
循序渐进，学问才会有所进步。仙家用婴儿打比方，　婴儿在母亲肚子里时，

出生不久的宝宝

母腹(fù)时，只是纯气，有何知识？出胎后，
　　只是一团精纯的气体，有什么知识呢？　　出生之后，

纯真之气

方始能啼(tí)，既而后能笑，又既而后能识认
才会啼哭，　　然后能笑，　　　后来又能认识父母、兄弟，

其父母兄弟，又既而后能立、能行、能持、
　　　　　　再后来又能坐立、行走、拿、背、

泛指亲近之人

指人逐渐成长的不同阶段

能负(zú)，卒乃天下事，无不可能。
　　　最后精通天下所有事。

"心学"小课堂

人们喜欢谈论宏观的事物，不愿意谈论那些简单、基础的东西。即便是那些名人、伟人，也是如此。那么，这是否说明大事才是重要的，才是人们需要关注的呢？当然不是，基础的东西往往更加重要。人们之所以不谈论，不是忽视了这一部分，而是因为已将这些基础内容默认为每个人都应该知道、已经了解。所以，在追求更好的成绩前，要把基础打好。

49 细节决定成败，不可因小而忽视

颜子具体圣人。其于**为邦**(bāng)的大本大原

颜回基本上具备了圣人的条件，他对治国兴邦的大计方针与本质要求

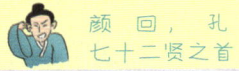
颜回，孔门七十二贤之首

治国之道

深入；深刻。

都已完备。夫子平日知之已**深**，到此都不

都已经悉数掌握。这一点，孔子平日是十分了解的，到了这会儿也就不用多说其他的话。

必言，只就**制度**文为上说。此等处亦不可

这段话其实是孔子仅从制度、文化等方面来简单补充颜回的思想。

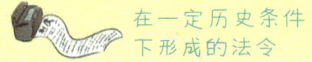
在一定历史条件下形成的法令

忽略。须要是如此方尽善。**又不可因自己**

当然，这些方面也是不可忽略的，必须补充进去才算足够完整。但又不能因为

画重点！

本领是当了，便于**防范**上**疏阔**(shū kuò)。

具备一些本领， 就在细节上疏于防范和醒察。

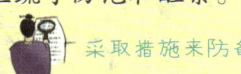
采取措施来防备

"心学"小课堂

聪明才干固然是成功的基础,但细节有些时候也是成功的重要因素。要是因为过于相信自身的本领而忽视细节,也很难获得最后的成功。

50 有取有舍,要经得住诱惑

孟子说"夜气",亦只是为失其良心之
孟子说的"夜气",是告诉那些没有良知的人去哪里寻找良知,
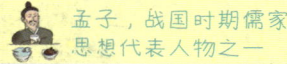
孟子,战国时期儒家思想代表人物之一

人指出个良心萌动处,使他从此培养将去。
会在哪里找到良知,然后开始培养。

明确指明

今已知得良知明白,常用致知之功,即已
你如今知道了良知在何处,只要不断致知,

画重点!

不消说"夜气"。却是得兔后不知守兔而仍
就不需要研究什么"夜气"了,否则就好像得到兔子却不知道守着,
兔子,哺乳动物

去守株(zhū),兔将复失之矣。
还在那根树桩前蹲守,已经得到的兔子也会跑掉一样。

得到又失去

"心学"小课堂

选择,是每个人每天都要面对的。长期的经验让人们形成了趋利避害的本能,自然而然就能得出更好的答案。这顺应本心的事情,人们却会在巨大的利益面前动摇,甚至为了利益而做出错误的选择。面对利益有所取舍才是正确的,被贪婪和诱惑所支配,只能让自己陷入危险之中。

诱惑摆在面前,取舍就在一念之间。

51　脚踏实地，三思后行

"思曰睿(ruì)，睿作圣。""心之官则思，思
"经常思考才能拥有智慧，拥有智慧才能成为圣人。""心的功能是思考，
思考使人明智　　　　　　　　　　　　　头脑的官能就是思维

则得之。"思其可少乎？沉空守寂，与安排
有思考才能有所收获。"怎么能不思考呢？但不管是脱离现实的空想还是在局限的

思索(suǒ)，正是自私用智，其为丧失良知，一
理论中思考，都是为了自己的私欲而使用智慧，是丧失良知的行为。
 失去

也。良知是天理之昭(zhāo)明灵觉(jué)处，故良知即
良知就是天理通过灵感的显现，　　　　所以良知就是天理，

是天理，思是良知之发用。
　　　　　思索是运用良知的方法。

 画重点！

"心学"小课堂

人是情感动物,遇到问题时,如果不能冷静思考,被情绪支配,难免会做出冲动的事情。快意恩仇只能痛快一阵,想要解决问题却是不行的。只有冷静下来,深入思考,才能看清局势,看清自己,看清本心。眼前和内心都一片清明的时候,做出的决定和判断才是正确的。

老师，我有问题！

老师，这题我不会做！

老师……

这道题和之前讲过的那道题是同一类型的。

遇到问题，要学会自己先思考，这样才能真正掌握知识和学问。

52 刚柔并济，才能左右逢源

良知即是《易》"其为道也屡迁，变动
良知就是《易》中的"道理不断变化，不会固定不变，
《易经》
变化更动
变化，变动。

不居，周流六虚，上下无常，刚柔相易，
在'六爻'中循环，或上或下没有常规，或刚或柔没有常态，

不可为典要，惟变所适"。此知如何捉摸得？
不能死守所谓真理，要学会在变通中寻求最好的方法"。因此，良知怎能捉摸透彻呢？
画重点！

见得透时便是圣人。
若是把它捉摸透了，那就是圣人了。
清楚，彻底

"心学"小课堂

刚不可久，柔不可守。刚柔虽是两面，却需要融合起来，刚柔并济，修炼自身。同时，刚柔并济也是致良知的重要构成部分。

53 通人情，懂事理，是为知机

如木之栽培灌溉，是下学也；至于日
好比一棵树，浇水施肥是人情事理；
培养事物生长

夜之所息，条达畅茂，乃是上达。人安能
树木日夜生长， 开枝散叶，   就是天理。   人怎么能

条理通达

预其力哉？故凡可用功、可告语者，皆下
干预天理呢？ 所以，但凡可以用功、可以用言语说的，都是人情事理，

事先

学，上达只在下学里。凡圣人所说，虽极
而人情事理的学问包含了天理的学问。凡是圣人所说的， 即使极其

精微，俱是下学。学者只从下学里用功，
精微的言论，也都是从最基础的学问讲起的。好学的人只要在人情事理上下功夫，
下功夫

自然上达去，不必别寻个上达的工夫。
自然可以学成知天理的功夫，不用另外寻找方法炼成知天理的功夫。

画重点！

"心学"小课堂

什么样的人更容易得到他人的喜爱？通情达理肯定是必要条件。人的感情、遵循的道理，是做事情的动力。有些时候，人做不好事情，没有做事情的动力，并不是因为方法不对，也不是因为能力不够，而是因为违背了人情事理。

尽己所能，顺应天意，这就是人生最好的结果。

妈妈，我救了一只小鸟！

这种鸟不适合家养，你可以把鸟放在刚刚掉落的地方，鸟妈妈会来找它的。

那不行，我要养着它。

……

54 遇事不惊，深藏不露

除了人情事变，则无事矣。喜怒哀乐
除了人情事变外，　　　　就没有其他事了。人情不就是喜怒哀乐
　　　　　　　　　　　　　　　　　　　泛指人的各种
　　　　　　　　　　　　　　　　　　　不同的情感

非人情乎？自视听言动，以至富贵贫贱、
的情绪吗？　　除了自身的视力、听力、言语、行动外，像富贵、贫贱、
　　　　　　　　　　　　　　　　　　　　　jiàn
　　　　　　　　　　　　　　　　　　　形容人生的
　　　　　　　　　　　　　　　　　　　四种状态

泛指事物的变化，世事的变迁。

患难死生，皆事变也。事变亦只在人情
患难、生死这些都是"事变"。　　事变包含在人情中，

死亡与生存

里。其要只在"致中和"，"致中和"只在
　　其关键在于心绪的中正平和，　　而达到中正平和的关键则是在
　　　　　　　　　　　　 人的道德修养达到  画重点！
　　　　　　　　　　　　　　十分和谐的境界

"谨独"。
jǐn
独处时要谨慎不苟。

"心学"小课堂

我们是这个世界上最强大的人吗？是知道所有事情，能把每件事情都做好的人吗？当然不是，也没有人是。在人生的道路上，总是会碰到那些比我们更强大、走在更前面的人。这个时候，硬碰硬，大概率要迎来一场惨败。因此，遇到问题时，不要急于展露情绪，暴露自身实力。默默成长，暗中努力，等到能超越对手的时候，方可一击即中。

遇事不要惊慌，解决问题才是关键。

55 量力而行，别被自己压垮了

君子之**酬酢**（chóu zuò）**万变**，当行则行，当止则

君子在待人接物的时候应该能应对事情的各种变化，该做就做，该停就停，

应对无常变化的万物

止，当生则生，当死则死，**斟酌**（zhēn zhuó）调停，无

该生就生，该牺牲就牺牲，如何斟酌，

停止

非是致其良知，以求自**慊**（qiè）而已。故"君子

都是致良知，凭着真心诚意让自己心安罢了。　　　　　　所以，君子要

素（sù）**其位而行**""思不出其位"。凡**谋**（móu）其力之

做符合自己地位的事情，不去想那些不符合自己身份地位的事情。凡是强迫自己

在其位谋其政　画重点！

所不及，而强其知之所不能者，皆不得为

做那些力所不及的事情，强迫自己做那些智力达不到的事情，都不是

致良知。

致良知。

"心学"小课堂

凡事都应量力而行，高估自己的能力，逼迫自己去做那些超出自己能力范围的事情，最终获得的不是心安，而是压垮自己。

56 用人不疑，疑人不用

以是存心，即是后世猜忌险薄者之事。

事情发生之前就已经在猜忌别人，这是后世猜忌、阴险、刻薄的人做的事。

 画重点！ 猜忌

而只此一念，已**不可**与入**尧**、**舜**之道矣。

事先已经有了这样的想法，就不能达到尧、舜的圣道了。

 不能　　像尧舜那样的明君之道

"心学"小课堂

一个篱笆三个桩,一个好汉三个帮。团队的力量总是比一个人的更强大,有些事情更是要几个人一起才能完成。团队的成功同样代表着个人的成功,团队的收益同样是个人的收益。因此,选择队友的时候,千万不能选择那些不被信任的人。不管他们负责的事情多么少,也可能会破坏团队的合力。如果选定了人,那就要给他信任。处处防备,束手束脚,很难发挥出他原本的实力。

57 笨鸟先飞，早入林

盖所以为精金者，在足色，而不在分
金子之所以成为纯金，在于成品色泽足够，而不在分量轻重。

精炼的金属

两。所以为圣者，在纯乎天理，而不在才
圣人之所以为圣人，在于纯粹真挚地明白天理，而不在于才能的大小。

力也。故虽凡人，而肯为学，使此心纯乎
所以，即使是普通人，只要肯努力学习，使自己内心达到纯乎天理，
才能　　　　　　　　　　　做学问　　画重点！

天理，则亦可为圣人。犹一两之金比之万
也可以成为德高望重有大智慧的人。就像重一两的金子和重万镒的金子相比较，
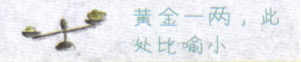
黄金一两，此处比喻小

yì　　　xuán
镒，分两虽悬绝，而其到足色处，可以无
分量的确相差太过悬殊，但只比较它们的成品色泽，重一两的金子是毫不逊色的。

逊色。
愧。故曰"人皆可以为尧、舜"者以此。
所以说，"人人都可以成为尧、舜"的原因就在这里。

"心学"小课堂

　　每个人都有自己独特的天赋。有些人头脑灵活,在学习中能举一反三。有些人记忆力好,读书过目不忘。如果我们不是那样的人,就注定不能有好的成绩吗?当然不是。笨鸟先飞并不是没有意义的心灵鸡汤,努力也是一种难得的天赋。只要有毅力,能坚持,即便不是那个最聪明的人,不是那个记忆力最好的人,也有超越其他人、成为佼佼者的机会。

58 有了目标,一切都将井井有条

先生曰:"天地气机,元无一息之停。
先生说:"天地间万物的变化本来就没有一刻是停息的。
古代对老师的称

然有个**主宰**,故不先不后,不急不缓。虽
如果有了一个主宰, 就能不分先后, 不分急缓,
统治者

恒定;不变。
千变万化,而主宰常定,人得此而生。若
即使千变万化, 主宰的常态也是安定的。正是有了这个主宰才有了人。

主宰定时,与天运一般不息,虽酬酢万
如果主宰恒定, 天地运行通顺没有障碍, 即使日理万机,

变,常是**从容自在**,所谓'天君泰然,百
变化多端,也能从容自在,悠然自得,也就是所谓的'天君泰然,
不慌不忙

体从令'。"
百体从令'。"

"心学"小课堂

天地万物都有其运行规律，我们的生活、学习也是一样，要按照规律进行。一口气可以吃成胖子吗？当然不能。不管是在生活里还是学习中，想要取得成功，就必须循序渐进，一步步进行。那么，如何能保证按部就班地成长呢？树立目标就是最好的办法。达成一个目标，就再树立一个新的目标。这样一步步地走下去，不仅不会走歪，更不会走弯路。

盯准目标，其他一切就都不重要了。

59　时刻准备着，行动要迅速

常如猫之捕鼠，一眼看着，一耳听着，
好比猫捉老鼠，猫只有眼睛盯着、耳朵听着，

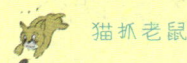
猫抓老鼠

才有一念萌动，即与克去，斩钉截铁，不
才能有所行动。　　　　　在行动的过程中，要态度坚决，

出动

可姑容与他方便，不可窝藏，不可放他出
不姑息迁就，不给老鼠喘息的机会，不让它有藏起来或逃生的机会，

隐匿暗藏

路，方是真实用功，方能扫除廓清。
这才算是真功夫。只有这样，人才能消灭心中的所有私欲。

画重点！

175

"心学"小课堂

成功是一步一个脚印、脚踏实地才能达成的。有些人在面对泥泞的小路、茂密的荆棘丛时,不由得放慢脚步,以减缓痛苦的到来。实际上,只有行动迅速,才能避免陷入泥泞之中,减少蹚过荆棘丛的痛苦。机会在这个过程中,就如同有人向你伸出援手,把你向前推进一大步。但没有准备的话,就很难借助这股力量,甚至会被直接推倒。

60 诸恶莫作,众善奉行

史以明善恶,示训戒。善可为训者,
历史可以用来明辨善恶是非,警示训诫后人。善事可以用来教化百姓,
 教导和劝诫的行为

特存其迹以示法;恶可为戒者,存其戒而
所以将其记录下来以指导后人的行为举止;恶事可以让后人引以为戒,
 保存痕迹

xuē
削其事以杜奸。
所以记录保存了相应的戒律,删去了恶事的过程细节,以防止后人效仿。
 画重点!  效仿

"心学"小课堂

古人一直有"以史为镜"的说法,即便我们没有熟读历史,也可以从"前车之鉴"中找到与我们境况对应的事情。学会利用这些已经发生的事情,对于现在做的事情是有指导意义的。多做善事,少做恶事,自然会有回报。

石可伤人,诸恶莫作!

61　认清轻重缓急，不可舍本逐末

且如其**书**说，多用管以候气(hòu)。然至
比如《律吕新书》中会用律管看天气变化。　　　　　然而到了
　　　　装订成册的著作

冬至那一刻时，管灰之飞或有先后，须臾(xū yú)
冬至那天，　　　律管中的芦苇灰飞扬的状态，或许前后会有短暂的差别，
 冬至，二十四节气
　　　中的一个重要节气

之间，焉知那管正值冬至之刻？须自**心**中
但又怎么根据这个律管灰飞的状态来确定是不是冬至呢？
　　　　　　　　　　　　　　　　　　　 思虑，想法

先晓得冬至之刻始得。此便有不通处。学
必须心中先知道冬至时刻才行。　　这里就有说不通的地方。

者须**先从礼乐本**原上用功。
所以求学的人必须先在礼乐的根本上下功夫。
　　 画重点！　 礼仪、音乐、舞蹈

"心学"小课堂

我们每天都有很多事情要做，如果能把做事情的效率提高，速度加快，用的时间就会减少，就能比其他人做更多的事情。想要达成这一目标，简单的办法就是分清轻重缓急，将事情井井有条地排出顺序来，按照顺序做，就能比别人做得更快、更好。

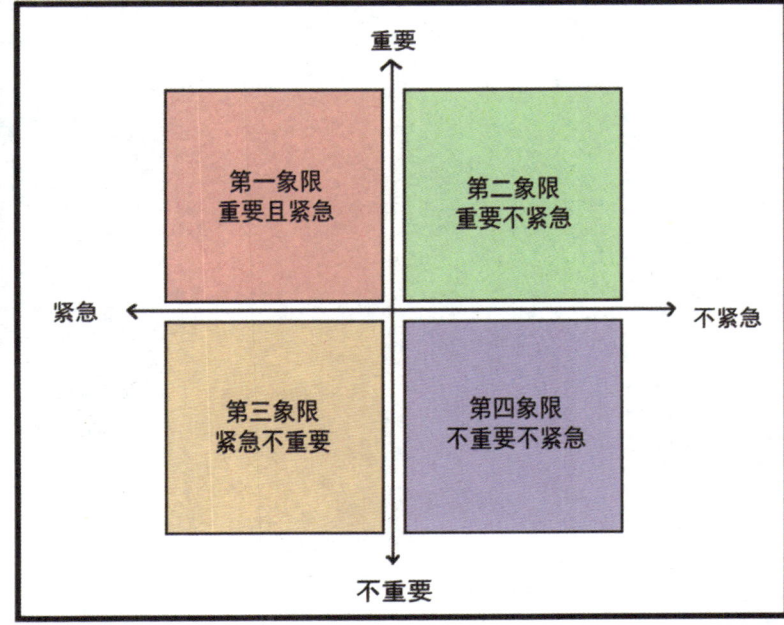